Lettres contre l'oubli

Sous la direction de
Anne Pouget

Lettres contre l'oubli

Ateliers d'écriture
Collège Louis Armand de Cruseilles

Avec les professeurs
Magali Ripoll
Véronique Guillon
Annick Portay

L'Harmattan

5-7, rue de l'Ecole-Polytechnique, 75005 Paris

http://www.librairieharmattan.com
diffusion.harmattan@wanadoo.fr
harmattan1@wanadoo.fr

ISBN : 978-2-296-12945-0
EAN : 9782296129450

Carte de France avec les zones et localisation d'Izieu et Oradour

I

Izieu

Pour bien comprendre l'histoire

Le **8 septembre 1943**, l'Italie fasciste capitule, les territoires qu'elle occupait reviennent sous administration du régime de Vichy et sont occupés par les Allemands.

La commune d'Izieu, qui se situe entre Lyon et Chambéry, fait partie de ces territoires. La répression allemande s'intensifie, la politique nazie anti-juive s'y applique avec détermination.

OSE et RESEAU GAREL

Une résistance spécifiquement juive existe depuis 1940 pour venir en aide à d'autres juifs et se constitue en réseaux ; parmi eux, le réseau Georges Garel-Œuvre de secours aux enfants (OSE).

L'OSE a été fondée en 1912 par des médecins juifs soucieux d'améliorer les conditions sanitaires des juifs dans l'empire tsariste.

En 1923 est créée une branche française qui s'établit à Paris et se spécialise dans le social (enfants/ familles).

A partir de la seconde guerre mondiale, ce réseau s'étend sur toute la France avec toujours la même volonté d'aider les populations juives. En 1942, l'organisation gère 20 maisons, qui accueillent plus de 15 000 enfants.

A partir de 1942, la persécution des juifs et les arrestations et les déportations en masse obligent l'OSE à convaincre les parents de se séparer de leurs enfants et les disperser pour les cacher sous de fausses identités. Ils organisent ainsi des filières de passeurs, des caches…

C'est ainsi qu'entre en scène **Georges Garel,** un ingénieur qui, à partir de 1942, organise des filières pour trouver des cachettes, des familles d'accueil, faire passer les enfants à l'étranger, tout en maintenant les liens entre ces enfants et leurs familles afin qu'ils puissent se retrouver après la guerre.

Grâce à un Juste, Mgr Saliège, archevêque de Toulouse, le réseau peut cacher immédiatement 300 enfants dans des institutions charitables. Le circuit Garel couvre bientôt 30 départements, avec l'appui de nombreuses organisations, qu'elles soient religieuses ou laïques, et cache des milliers d'enfants.

Sur une centaine de membres du réseau, trente sont assassinés ou déportés.

Qui étaient les Zlatin ?

Née à Varsovie en Pologne le 13 janvier 1907 d'un père architecte, Sabine Chwast est la dernière de douze enfants. A l'issue de la guerre, elle décide de quitter son pays natal : Dantzig, Königsberg, Berlin, Bruxelles, et enfin Nancy, où elle entreprend des études en histoire de l'Art.

Elle y fait la connaissance d'un jeune étudiant juif de Russie : Miron Zlatin, de trois ans son aîné, qui prépare un diplôme d'études supérieures agronomiques. Ils se marient en 1927 et, en 1929, ils s'installent dans une ferme avicole dans le Nord ; ils prennent la nationalité française au moment où la guerre éclate, en 1939.

Sabine décide de suivre des cours de formation d'infirmière militaire à la Croix-Rouge à Lille et, en mai 1940, le couple fuit le Nord pour Montpellier. C'est là que les attend le destin…

La maison des enfants d'Izieu

Fin 1942 : sentant le danger, car les nazis poursuivent leur politique de répression contre les juifs, de nombreuses maisons d'enfants sont fermées par l'OSE et les enfants dispersés.

Les bureaux de l'OSE sont transférés de Montpellier à Vic-sur-Cère (Cantal) durant l'hiver 1942-1943.

Parmi les maisons d'enfants en danger, celle de Campestre (Hérault) abrite quatorze enfants, que la préfecture convainc les époux Zlatin de prendre en charge. C'est ainsi que le couple se réfugie avec les enfants à Chambéry (vers mars-avril 1943, encore en zone d'occupation italienne).

En uniforme d'infirmière de la Croix-Rouge, Sabine Zlatin rencontre **Pierre-Marcel Wiltzer**, qui est alors sous-préfet de Belley, petite ville de l'Ain. Celui-ci décide d'aider le réseau et use de son influence pour aider à l'installation des enfants dans une maison.

Le choix de Sabine Zlatin se porte sur une vaste bâtisse qui se trouve à une vingtaine de kilomètres de Belley : la maison d'Izieu. La maison possède une immense terrasse et une grande fontaine, le site dégage un sentiment de sérénité idéal en ces temps de guerre.

Aux 14 enfants que le couple avait ramenés de Campestre s'ajoutent bientôt de nouveaux arrivants provenant de différentes maisons d'enfants, cachés par le réseau Garel, ou directement amenés par leurs parents. En septembre 1943, la maison compte une soixantaine d'enfants. Les Zlatin s'entourent d'un petit groupe d'éducateurs pour mener à bien leur tâche.

La vie s'organise grâce à l'aide de l'OSE, qui reverse de l'argent pour les enfants, de **Pierre-Marcel Wiltzer**, le sous-préfet de Belley, qui fournit des tickets de rationnement, et de la solidarité des villageois, dont le médecin, Albert Bendrihem, qui soigne les enfants.

Dans ce havre de paix, les enfants ne fêteront qu'un Noël…

Le calendrier des derniers jours…

Albert Bendrihem, le médecin, est arrêté le 7 janvier 1944.

Le 8 février suivant, la Gestapo rafle le personnel du siège de l'OSE à Chambéry.

Les quelques maisons d'enfants sont fermées, celle d'Izieu reste en activité mais orpheline de l'aide de l'OSE ; Sabine Zlatin se bat et multiplie les démarches afin de disperser les enfants dans des lieux sûrs.

Le 5 mars, la colonie perd son principal protecteur car le sous-préfet Pierre-Marcel Wiltzer est muté dans un autre département.

Le 2 avril, Sabine Zlatin se rend à Montpellier où un prêtre, l'abbé Prévost, lui propose de cacher une douzaine de garçons dans un établissement religieux. Le temps presse : la dispersion est prévue pour le 11 avril.

Le 6 avril 1944, sous le commandement de Klaus Barbie, les troupes de la Gestapo investissent la colonie et arrêtent les quarante-quatre enfants présents ainsi que les sept adultes qui les encadrent. Entassés dans des camions, ils sont conduits vers le fort Montluc à Lyon avant d'être expédiés au camp de Drancy puis vers les camps de la mort.

Quarante-deux enfants et six éducateurs sont gazés à leur arrivée à Auschwitz, le plus jeune, le petit Albert, n'a que 4 ans.

Miron Zlatin, Théo Reis et Arnold Hirsch sont déportés par le convoi 73 au départ de Drancy à destination de Tallinn (Camp de Reval, Estonie) où ils disparaissent.

Léa Feldblum, seule survivante des camps de la mort, témoigne au procès de Klaus Barbie en 1987.

Absente au moment de la rafle, puisqu'elle se trouve à ce moment-là à Montpellier, Sabine Zlatin échappe à la mort.

Celle que l'on a surnommée depuis « la Dame d'Izieu » consacre le reste de son existence à son combat pour la mémoire des enfants.

Elle meurt en 1996 à l'âge de 89 ans mais, entre-temps, elle a témoigné au procès Barbie, en 1987, et aidé à fonder le *Musée mémorial des enfants d'Izieu*, dans la maison où ont vécu les enfants et qui a été inauguré par le président François Mitterrand le 24 avril 1994.

N.B. : pour mieux « coller » à la réalité, les fautes que le lecteur trouvera dans les lettres qui suivent sont volontaires.

Izieu, 28 septembre 1943

Ma cher maman chéri,

Aprè un long voyage en trains je suis bien arrivé à Izieu. Je voudrai que tu sois là mais rassur toi, issi je suis protégé. Sabine ma expliqué que les allemand sont très loin. Issi on a limpression que la guerre nexist plus, il fait bo et l'endroit est très jolie. Sabine est très gentil, elle ma acheté un gato sur le trajé pour venir à Izieu.

Je dors avec six autres garçons au premier étage mais je me sens seul. Tes bisous avant de me coucher me manque. Heureusement que Nounours est là, j'ai moins peur grâce à lui la nuit. Parfois je pleur, j'ai peur des Allemands, je ne veu pas qu'il viennent me chercher mais Sabine me console et je me rendor en pensant à toi.

Aujourdhui j'ai consolé une petite fille car elle voulais sa maman, je lui est dit que sa maman préfére qu'elle soye en sécurité ici. Je me lave dehor dans une fontaine et j'ai froid mais quand je pense à toi sa me réchauffe le cœur. J'ai réussi à me faire un tas de copain avec qui ont à jouer à cachecache. Tout les jours je m'occupe un peu du potager mais se que je préfèr c'est quan il y a du soleil et un peu de vent qui me rafraichi.

Ici il y a des enfants de toute la France et il me parlent de leur région, tu savais que dans le sud de la France ont cultivé de la vigne? Quand je pense que tu es à Paris en se moment, tu te trouve si loin de moi, j'espère que la guerre va bientôt s'arrêter et que je te retrouverai. Je n'aime pas trop mangé de la soupe mais parfois on na du gâto et là je me régale. J'espère que je vais rester à Izieu pendant encore un peu de temps, mais ossi que tu viendra me cherché.

Je t'aime très fors,

Charles

PS : c'est Richard qui ma corriger mes fotes.

♥♥♥

Charles Weltner, 9 ans, est un petit français réfugié à Izieu. Victime de la rafle du 6 avril 1944, il est conduit à la mort par le convoi 75.

Richard Benguigui, 7 ans, est né le 29 mars 1937 à Oran ; son frère aîné, **Jacques**, a 12 ans et est né le 13 avril 1934. **Jean-Claude, 5 ans,** est né le 26 décembre 1938. Les trois frères partiront vers la mort par le convoi 71. Hasard du sort, Jacques est déporté le 13 avril 1944, le jour de son 13e anniversaire.

Leur mère, Fortunée Benguigui, est arrêtée à Marseille et déportée par le convoi 58. Rescapée d'Auschwitz, elle est avec Ita Haunbrenner une des deux « mères d'Izieu » dont les actions courageuses aux côtés de Beate Klarsfeld ont conduit à l'arrestation de Klaus Barbie.

♥♥♥

Rémi Schurch

Izieu, le 4 octobre 1943

Chère maman,

J'espère que tu vas bien. Chaque jour, je pense à toi en m'occupant des plus jeunes de la colonie. De jour en jour je m'attache à eux et les prends pour mes frères et sœurs. Le plus petit est Albert, il a 4 ans, est joyeux car il ne se rend pas compte de la vie, de la guerre, autour de lui. Quelques fois, il grimpe sur mes genoux et me demande pourquoi ses parents ne viennent pas le voir, ce qui me met les larmes aux yeux de le voir s'inquiéter dans les bras des plus grands.

Arnold va bien et te passe le bonjour. Il est toujours aussi étonnant avec ses idées. Il permet à toute la colonie de garder le moral et il nous permet de rire même dans les moments difficiles.

Je suis heureux et je me sens bien dans cette maison même si ce n'est pas toujours facile… et bien sûr je ne vous oublie pas et tu me manques énormément. Grâce à Sabine et Miron Zlatin nous ne ressentons pas les effets de la guerre mais nous ne les ignorons pas. Avec Arnold, nous nous asseyons sur les marches dehors, devant la porte d'entrée et pensons a l'avenir, on se raconte ce qu'on fera quand la guerre sera finie : on ouvrira une confiserie comme celle qui se trouve dans le village d'en bas, celle de la famille Bilbor. Et nous aussi on fera rêver tous les enfants ! Et s'ils sont encore là, nous aiderons Miron et Sabine Zlatin.

Depuis la rentrée, une institutrice est arrivée et elle fait classe dans la maison, au premier étage. La pièce est agréable, avec des bancs, des encriers, des images sur les murs, et un poêle bien utile. Les 4 fenêtres rendent bien la lumière ; chaque enfant a reçu une ardoise et un crayon d'ardoise.

Les enfants ont classe tous les jours Arnold et moi-même aidons Madame Perrier, la maîtresse. Nous nous réjouissons de leurs progrès et ils commencent à écrire de petites histoires et des lettres de plus en plus longues à leurs parents. Ils sont vraiment trop drôles avec leurs fautes d'orthographe et leurs dessins originaux.

Paulette, l'éducatrice n'est pas contente car avec les plus grands comme les plus petits nous faisons un potager et chaque fois que nous en revenons, nous sommes couverts de boue, ce qui la fait rouspéter (et je la comprends… elle me fait penser à toi !!)

Et toi ? J'espère que tu t'en sors, que tu vas bien ! Tu me manques Maman ! En espérant que nous nous reverrons bientôt et que la guerre ne nous séparera plus jamais, je t'embrasse très fort.

Théo qui t'aime très fort.

♥♥♥

Theodor Reis, 16 ans, est né le 19 mars 1928 à Egelsbach (Allemagne). Arrêté en même temps que sa mère Erna et sa grand-mère Johanna le 22 octobre 1940, il les suit en déportation à Gurs ; de là ils sont tous trois transférés à Rivesaltes. Théo est confié à l'OSE en septembre 1941. Erna et Johanna sont déportées par le convoi 19, Théodor par le convoi 73.

Arnold Hirsch, 17 ans, est né à Argenschwang (Allemagne) le 23 mars 1927. Sa mère, Ida, est envoyée à Palavas-les-flots tandis que Max, le père d'Arnold, est interné au camp des Milles. Le couple est déporté par le convoi n° 20.
Arnold est déporté par le convoi 73 au départ de Drancy avec Miron Zlatin et Théo Reis. Ils disparaissent à Kovno, au camp de Reval (Talinn, Estonie).

Paulette et **Renée Pallarés** sont deux éducatrices, amies des Zlatin. Paulette, la plus jeune des sœurs, vit une histoire d'amour avec **Théo**. On peut lire, encore aujourd'hui sur l'une des poutres du grenier, l'inscription : « *Paulette aime Théo, 27 août 1943* ».

Albert Bulka, 4 ans, est le plus jeune enfant de la maison d'Izieu ; il est né à Ougrée (Belgique) en juin 1939, là où ses parents se sont réfugiés. Son frère, **Majer**

Bulka, 13 ans est né à Kalisz (Pologne) en septembre 1930. Les deux frères font partie du convoi 71.

A la rentrée scolaire d'octobre une jeune institutrice, **Gabrielle Perrier,** est nommée par Vichy et les enfants sont scolarisés dans une salle de la maison ; les aînés sont envoyés au collège de Belley.

♥♥♥

Lise Benoist

Marion Algarra

Izieu, 18 décembre 1943

Chère Maman,

Je t'écri alors que Claudine est à mes côtés, elle ne me quittes jamais. En ce moment, elle est en train de dessiné, c'est dailleurs elle qui a fait le plus beau dessin lors du concours qu'a organisé Lucie. Tu nous manque beaucoup ainsi que Monique et Alexandre, j'espère que vous allez bien.

Pour nous, ça va bien. Tu sais quoi ? Nous, les filles, on se lave à l'intérieur avec de l'eau que les éducateur font chauffer dans de grands marmites alors que les garçons font leur toilette dehors et il fait froid. Je me sens bien dans cette maison, comme je l'ai senti dès le départ, et je crois que Claudine est d'accord avec moi. Les éducateurs et surtout Sabine s'occupe bien de nous et nous lit des histoires, le soir, comme tu faisais. Chaque soir, je pense à Papa, à Léon et ça me fait mal. Maman, je ne comprends pas se qui se passe : pourquoi papa et Léon ont été arrêtés ? Qu'est ce que ça veux dire ? Est-ce qu'ils vont bientôt rentré ? Maman, je me pose beaucoup de question, et puis Claudine aussi.

Hier on a jouer aux billes, Sami et moi, et j'en ai gagné trois. Claudine me demande sans cesse quand vous allez venir nous cherché de notre belle petite maison, comme elle dit. Même si tout le monde fait tout ce qu'il peut pour nous aimer et pour qu'on se sentent bien, elle te réclame tout le temps, et souvent, la nuit, alors qu'elle dort blotti contre moi, elle pleur. Je m'efforce de retenir mes larmes devant elle mais tu nous manque tant. Les éducateurs nous apprennent à écrire et Claudine fait beaucoup de progrès, on fait aussi des dessins, pleins de dessins pour toi et toute la famille. A cet instant, elle est en train de représenter la confiserie en bas du village d'où on reçoit pleins de bonnes choses. Pour Hanoukka, chaque soir, un de nous allumera une bougie, j'espère que j'allumerai la troisième, celle du Miracle car j'espère que celui qu'on attend tous arrivera vite. Maman, je te souhaite, en avance un très joyeux Hanoukka, et espère te revoir bientôt.

On attends de vos nouvelles au plus vite. Je vous embrasse très fort, et Claudine aussi.
A bientôt je l'espère,

Ta Mina qui vous aime
Et aussi Claudine

♥

Paris, 24 décembre 1943

Mes chères petites filles,

Vous nous manquez énormément aussi, Monique me demande toujours où sont ses grandes sœurs, et vous manquez terriblement à Alexandre. La maison est bien vide sans vous.

Madame Dupont est des plus gentilles avec nous, elle nous donne un peu de nourriture et des jouets pour Monique, je ne sais pas comment je ferais sans elle.

Hanoukka est également triste sans vous mes petits anges, mais je fais de mon mieux pour rire, sourire car Monique et Alexandre n'y peuvent rien et méritent de fêter Hanoukka comme dans la tradition. Monique et Alexandre ont décoré le salon avec la menora et attendent avec impatience le moment d'allumer chaque bougie. Bravo pour vos exploits, mes petits amours, je suis fière de vous.

Mina ne te laisse pas aller, il faut tenir le coup, Claudine n'a plus que toi là-bas, vous devez vous soutenir. Nous pouvons tenir, bien que ce soit très dur, il le faut. Une guerre ne dure pas éternellement, tout va bientôt rentrer dans l'ordre, papa et Léon vont se faire relâcher, nous viendrons vous chercher Claudine et toi et nous partirons voir la mer, je sais que tu en rêves. Tu pourras poursuivre ensuite des études, aller dans de grandes écoles tellement que tu es talentueuse, Claudine rentrera en classe de CP et deviendra une grande dessinatrice car les dessins que vous nous avez envoyés sont tellement beaux, ça se voit que ma petite fille chérie a l'âme d'une artiste.

Je vous envoie une photo de nous, et aussi un dessin de Monique et Alexandre. Quand vous serez tristes, regardez cette photo et dites-vous que nous serons bientôt de nouveau réunis.

La fin de la guerre est proche, nos retrouvailles encore plus.

On vous envoie 1000 baisers, je vous serre très fort dans mes bras, mes petits amours, et je vous embrasse tendrement.

Votre Maman qui vous aime

♥♥♥

Claudine Halaunbrenner, 5 ans, et sa sœur Mina, 8 ans sont nées à Paris. La famille Halaunbrenner est internée au camp de Rivesaltes du 4 au 23 novembre 1942 puis transférée au camp de Gurs.
L'aîné des quatre enfants, Léon, né le 21 avril 1929 est arrêté en même temps que son père Jacob au foyer familial par la Gestapo de Lyon, le 24 octobre 1943.
Jacob, le père, est interné au fort Montluc à Lyon avant d'être exécuté par la Gestapo un mois plus tard le 24 novembre 1943 au siège de la Gestapo, à l'école de Santé militaire de Lyon. C'est le second fils, Alexandre, né en 1935, 8 ans, qui le découvre à la morgue, criblé de balles de mitraillette. Quant au fils aîné, Léon, après avoir été transféré à Drancy, il est déporté le 17 décembre 1943 par le convoi 63 vers Auschwitz où il disparaît.

Ita, la mère, doit se résoudre à se séparer de Mina et de Claudine, que l'OSE envoie à Izieu par le circuit Garrel, ne gardant avec elle que la petite Monique, née le 5 décembre 1941, et son fils Alexandre. Mina et Claudine sont déportées deux mois et demi après la plupart de leurs camarades d'Izieu pour Auschwitz par le convoi 76 (le 30 juin 1944).

Seule rescapée de la famille, Ita Halaunbrenner est, avec Fortunée Benguigui, l'une des deux « mères d'Izieu » dont les actions inlassables aux côtés de Beate Klarsfeld ont conduit à l'arrestation de Klaus Barbie

Sami Adelsheimer, 5 ans, est né à Mannheim (Allemagne) en octobre 1938. Interné avec sa mère Laura au camp de Rivesaltes, il réussit à être libéré pour rejoindre une colonie de l'OSE à Palavas-les-Flots avant d'être envoyé à Izieu. Sa mère est arrêtée à Perpignan en novembre 1943 et déportée de Drancy par le convoi 62. Victime de la rafle du 6 avril 1944, Sami est envoyé dans les camps de la mort par le convoi 71.

Lucie Feiger, 49 ans, originaire de France, est l'une des éducatrices qui entourent les enfants. Elle fait partie du convoi 72.

♥♥♥

Marianne Saxod
Mélina Duret
Elaura Thomasson
Agathe Esnault

Izieu, décembre 1943

Chers Maman et Papa,

Je suis arrivé à Izieu il y a une semaine. La maison est très grande ; elle a plein de fenêtres et on a un grand jardin comme chez nous. Il y a même une fontaine pour se laver. J'aime pas me laver, l'eau est trop froide. Mais Léa, l'éducatrice, nous oblige sinon on n'a pas le droit de manger.

Le cuisinier s'appelle Philippe et il est très doué. Ses plats sont très bons mais je préférais manger à la maison. En plus il rigole tout le temps, il est un peu bizarre...

Les autres enfants sont très gentils avec moi ! Emile m'aide à faire mon lit et à aider le cuisinier pour éplucher les légumes : Beurk !

J'ai déjà plein de copains ! Mais vous savez, au début, j'avais un peu peur des grands parce qu'ici il y a beaucoup de grands. Mais après Théo m'a présenté à tout le monde et ils ont tous été super sympa.

On dort à plusieurs dans les chambres et j'ai mon lit à coté d'Otto ; alors comme ça le soir on peut se raconter des histoires. Mais chuuuut !!! Il faut rien dire aux Zlatin, sinon on est de corvée de jardinage. Enfin ! Ils disent toujours ça, mais on est en hiver, alors…

J'espère que vous viendrez bientôt. C'est vraiment bien ici. Mais pourquoi est-ce que je ne suis pas à la maison avec vous ? Est-ce que je vais rester encore longtemps à Izieu ? Théo me dit qu'on est en vacances mais moi je le crois pas : les vacances c'est avec toute la famille.

Quand vous viendrez me voir n'oubliez pas de m'apporter des caleçons et aussi des crayons de toutes les couleurs. J'aime bien faire des dessins mais je n'ai jamais les bonnes couleurs. Je vous envoie le plus beau dessin que j'ai fait depuis que je suis ici.
Je n'ai pas fait de fautes, c'est parce que c'est Théo qui m'a aidé à l'écrire.

Je vous fais à tous les deux de gros bisous !

Vous me manquez !

Sigmund

NB: *Le dessin joint à cette lettre n'a malheureusement pas été retrouvé.*

♥♥♥

Sigmund Springer, 8 ans, est né le 25 mars 1936 à Vienne (Autriche). Il est déporté par le convoi 71.

Léa Feldblum, 27 ans, est l'une des éducatrices ; elle s'attache particulièrement au petit **Emile Zuckerberg (5 ans)** qu'elle considère comme son propre enfant.

Léa Feldblum est arrêtée avec Miron Zlatin au cours de la rafle du 6 avril 1944. Elle est la seule éducatrice qui survivra à la déportation et elle témoignera en 1987 au procès de Klaus Barbie à Lyon et qui verra la condamnation de Barbie pour le crime d'Izieu.

Emile Zuckerberg (5 ans) est né le 15 mai 1938 à Anvers (Belgique) Il est le fils de Zygmund et de Serla qui, après avoir été internés à Rivesaltes, sont déportés par le convoi 33. Le petit Emile est déporté par le convoi 71.

Otto Wertheimer, 12 ans, est né à Mannheim (Allemagne) le 5 février 1932. Le 22 octobre 1940, la famille est déportée à Gurs. Le père, Wilhelm, est interné au camp des Milles, Otto et sa mère Hedwige au camp de Bompard à Marseille en 1941. Les parents sont déportés par le convoi 20, Otto est confié à l'UGIF. Il fait partie du convoi 71.

Philippe Dehan est le cuisinier de la colonie ; il a la chance de partir quelques mois avant la tragédie ; on lui doit de nombreuses photos des enfants prises à la Maison d'Izieu.

Theodor Reis, 16 ans.

♥♥♥

Salomé Huc
Lucie Kolb

Izieu, 25 décembre 1943

Chers parents,

Depuis six jours déjà nous sommes en vacances de Noël. C'est génial parce qu'on a plein de temps libre.

J'espère vous voir très bientôt.

Il neige depuis ce matin et on est obligés de casser la glace du bassin pour récupérer de l'eau.

Richard et Jean-Claude vont bien. Ils ont aidé Sabine à préparer la bûche de Noël avec les ingrédients rapportés par Miron il y a deux jours. Il a eu le courage d'y aller à vélo même si il faisait très froid. Les plus petits ont monté un bonhomme de neige tandis qu'Arnold, Théodor et Philippe, le cuisinier, étaient partis chercher un sapin à Belley. On l'a décoré avec des bougies mais Sabine n'a pas voulu qu'elles soient allumées, par peur d'un incendie. Ceux qui n'étaient ni dehors ni à la cuisine étaient en train de préparer les décorations pour le sapin et la maison. Cela a crée un sacré remue-ménage.

Monsieur Wiltzer, le sous-préfet, est venu hier soir en bel uniforme avec une jolie dame et les bras chargés de cadeaux. Tous les enfants l'ont accueilli chaleureusement tandis que les adultes craignaient qu'il ne vienne pas car sa femme va avoir un bébé. Il a trouvé notre bûche de Noël excellente et nos décorations du sapin et de la maison très bien réussies.

On a ensuite allumé les bougies et puis on a éteint la lumière au plafond. Comme c'était beau ! On a chanté des chants de Noël.

J'ai appris beaucoup de choses sur la géographie actuelle de la France, ce trimestre. Je sais donc qu'Izieu est menacée par les Nazis. J'espère qu'ils ne sont pas revenus à la maison depuis cet été et que tout se passe bien, que vous êtes en bonne santé.

Jacques, votre fils qui vous aime

P.S : J'espère que vous n'oublierez pas mon cadeau de Noël ni celui de mes frères. J'attends impatiemment votre visite.
C'est Sabine qui a corrigé les fautes d'orthographe.

♥♥♥

Jacques Benguigui, 12 ans est réfugié à la maison d'Izieu avec ses deux frères, **Richard, 7 ans**, et **Jean-Claude, 5 ans**. Ils sont tous trois déportés par le convoi 71.

Théodor et Arnold : les deux plus grands enfants de la maison d'Izieu. (15 et 16 ans).

Le sous-préfet **Pierre-Marcel Wiltzer** est né à Sarreguemines (Moselle) en 1910. Diplômé en Droit, il est nommé sous-préfet de Belley en 1942 et, parallèlement, il intègre le réseau Gallia-Kasanga des Forces françaises combattantes. Le 5 mars 1944, un mois avant la rafle, il est muté à Châtellerault (Vienne). Après la guerre, il devient préfet et finit sa carrière dans la fonction publique. En 1988, il est nommé président de l'Association pour la création du Musée mémorial des enfants d'Izieu et le reste jusqu'en 1995. Il meurt à Paris le 1er mars 1999.

A ce réveillon de Noël, auquel le sous-préfet avait tenu à assister malgré l'imminence de l'accouchement de sa femme, il était venu en bel uniforme, accompagné de **mademoiselle Cojean** secrétaire en chef de la sous-préfecture de Belley.

♥♥♥

Mathieu Finsterwald

Izieu, lundi 14 janvier 1944

Chèr maman,

Jé bien ressu ta cart qui ma fé tré plésir. Je vé bien. Et toi, coment vatu ?

Ce matin, on sé réveié to. Et devine quoua ? Il a négé cet nui. Miron a di quil i avai 20 sentimètr de nège. Du cou, après le peti déjeuné, on é toussallé sa muser dans la cour. O débu, on a fai une batail de boul de nège. J'étè dans lé quipe de Max et Clode : on a bocou rigolé sauf quan Théo ma lansé une boul de neige dans le cou. Cété tou froi, alor jé pleuré. Heresemen, Sabine ma vu et elle é venu me consolé. Elle ma proposé daller avec lé fille pour fère un bonome de nège. Il été tou gro. On lui a mêm mi une carote pour le né et des cayou pour la bouche.

Aprè, on ai allé manger. Il i avé de la puré de patate et des champinion et du chocola en dessert. Sété tré bon !

Laprè midi, jai fai une sieste car jété trè fatigué à cose du matin. Quan je sui decendu dan la cuisine, Mme Zlatin ma demandé de fère ma corvé depluche. Je nai pa osé dir non, alor pendan une heur jéépluché des patate ! sama un peu énèrvé pasque cété long é lé patate été pleine de ter.

Plu tar, le docteur nous a fé passé la vizite médical. Il nou a pesé, mezuré, a regardé si on voi bien et il a mêm fé des picûres à Claude, Gilles et Emile.

Moi jé u de la chans é ji ai échapé mai jé u trè peur den avoir eune pasque les picûres, sa fé tré mal.

Ensuiton é allé se lavé. Dabitud on se lav dan la fontèn du jardin mé comme il fai froi lo gèle. Alor on a dû cassé la glasse avec dé pèl et on sé lavé dans lo froid. Jai encor pleuré parsque sété tro froi. Je voulé sortir mé Frits i voulé pas i disé que i faut que je soi tou propr pour se soir.

On é allé mangé le soupé apré on é monté se couché. Avan de rentré dans nos chambr, Mina, une otre fi de la coloni, ma fé un bizou sur la jou pour me dir bonnui. Jété trè conten sauf que mé ami i se son moqué de moi et je sui devenu tou rouge. Come dans la chambron narrivé pa a dormir, Sabine é venu nous raconté une istoir.

Jespèr que tu vabien et que papa ossi.
Je te fé 100000000000000000000 béser
Ton fisse qui pens bocou a toi et qui t'aime.

Georgy

♥♥♥

Georges Halpern, 8 ans, est originaire de Vienne (Autriche), où il est né le 30 octobre 1935. Ses parents sont internés à Rivesaltes avec lui ; Séraphine étant atteinte de tuberculose, elle est hospitalisée et envoyée en sanatorium à Hauteville (Ain) tandis que son mari, Julius, est affecté dans un G.T.E. Georges est confié à l'OSE et est déporté par le convoi 71 après la rafle du 6 juin 1944. Les parents survivent.

Le médecin dont parle Georges est le docteur **Albert Bendrihem, 37 ans**, médecin juif exerçant à Brégnier-Cordon malgré les lois antisémites de Vichy et qui apporte ses soins aux enfants et au personnel de la maison d'Izieu. Il est arrêté le 7 janvier 1944 à Glandieu, un hameau situé à quelques kilomètres d'Izieu. Transféré à Lyon puis à Drancy, il est déporté à Auschwitz par le convoi 67 en février 1944. A l'évacuation du camp d'Auschwitz par les SS en janvier 45, il effectue les marches de la mort jusqu'au camp de concentration de Gross Rosen (Silésie). A l'arrivée des Russes, il est évacué sur Buchenwald où il meurt d'épuisement le 10 mars 1945. Son fils, Gérard, deviendra médecin à son tour.

Theodor Reis, 16 ans.

Max Leiner, 8 ans, est né le 26 février 1936 à Mannheim (Allemagne) ; déporté à Gurs en octobre 1940 avec sa grand-mère Johanna Schiffmann, il est interné à Rivesaltes puis confié à l'OSE. Il est déporté par le convoi 71.

Claude Levan-Reifman, 10 ans, est le fils de Sarah Levan-Reifman, 36 ans, la femme médecin de la maison d'enfants. Sont également réfugiés là ses grands-parents, Eva Reifman, 61 ans et Moïse Reifman, 63 ans ; **Sarah Levan-Reifman** remplace, à partir de septembre 1943, son frère Léon, étudiant en médecine, qui quitte Izieu parce qu'il est recherché pour le Service du travail obligatoire (STO).

Fritz Loebmann, 15 ans, est né à Mannheim (Allemagne) le 12 mars 1929. Il est arrêté en octobre 1940 à Mannheim avec ses parents Julius et Mathilde et déporté à Gurs. La famille est transférée au camp des Milles en avril 1941, Julius se serait évadé du G.T.E. où il était affecté, Mathilde est déportée par le convoi 20. Fritz quant à lui est déporté par le convoi 71.

♥♥♥

Estelle Genoud
Lauren Pirodeau

Izieu 15 février 1944

Mon cher Papinou,

Ça fais maintnant plusieurs mois que je suis ici à Izieu. Aujourd'hui c'est mon anniversaire et mes amis mon tous offerts de beaux dessins et Philippe, notre cuisinier, avais fé un gatau. On est allé à la fabrique de bonbons et monsieur Bilbor nous a donner des bonbon pour l'occasion. Ensuite on est remonter et Marcel m'a offert de ses bonbons car il n'aime pas sa. J'aurai tellment voulu que tu soi la.

Je me suis fé quelques amis mais on pense toujour à la famille, on et triste à tous les moments de la journée. Il y a quelques jours on a appri que les Almands se rapproche de plus en plus et ça nous met la peur au ventre.

Pendant les dernier mois il faisait plutôt mauvais temps. On jouait dehors, sur la grande pelouse. On faisait des caches caches et on joue à la marelle. On ne ce baignai plus dans le bassin devant la maison mais on s'y lavais le matin. Le printemps arrive, l'eau sera plus chaude.

On est serré dans la maison malgré quelle est grande. On s'occupe avec des jeux de cartes la plupart du temps et des jeux de dames. J'aime jouer avec Isidor et avec Barouk, passqu'il perdent tout le tant. Le matin souvent on travail dans la salle de classe a l'étage. Les journées sont si longues ! J'aimerai avoir de

tes nouvelles, car tu me manque énormément et ta présence à mes coter me manque. Le soir je repense a tout nos souvenirs de quand on habitais tous ensemble a la maison.
J'espère que tu aura ma lettre. J'attends la tienne avec impatience.

Je t'embrasse fort fort,

Hans

♥♥♥

Hans Ament, 10 ans, est né à Vienne (Autriche) le 15 février 1934. Son père Max est arrêté à Anvers et déporté au camp de St Cyprien puis à Gurs ; il est déporté par le convoi 50. Après la rafle de la maison d'Izieu, le petit Hans est déporté par le convoi 75.

Marcel Mermelstein, 7 ans, et sa sœur **Paula, 10 ans**, originaires de Belgique, sont tous deux confiés à l'OSE et réfugiés dans la maison d'Izieu. Ils sont déportés par le convoi 74.

Isidore Kargeman, 10 ans est originaire de France. Victime de la rafle, il est déporté par le convoi 71.

Barouk-Raoul Bentitou, 12 ans, est né en Algérie. Il est également déporté par le convoi 71.

♥♥♥

Nathan Deffayet
Maël Richer

Izieu, 3 mars 1944

Chère Léa,

J'espèr que tu va bien, à Izieu cé génial. La maîtresse est gentil, elle m'a di que je li bien et jai trouvé un copain, c'est Richar il est au même pupitre que moi.
Lautre jour, le grand Arnold m'a appri à faire du vélo de grand. Je suis tombé mais j'ai presque pas pleuré. En plus aujourd'hui on a eu du gato, parseque c'étai l'aniversère de la dirèctrice. Elle aussi je l'aime bien, elle nous raconte plin d'istoire et nous aide pour faire nos devoires.

Le docteur est venu nous rendre visite la semène dernièr, je l'aime pas trop parsqu'il faut des piqure, mais jé séré les dents et j'ai presque rien senti !

Parfois j'ai un peu faim la nuit, on ne mange pas beaucoup alors on en redemande souvan mais on en a jamais plus. Je ne compren pas trot pourquoi.

La semaine dernière on a tous du se faire bau parseque Madame Sabine, la directrice a voulu qu'on fasse une foto. Sa tombait bien, le matin on avai joué a faire du théatre alors on a tous gardé nos dégisement ! Quesqu'on était bau ! Elie et moi on été des coboy et Ester elle été déguisé en indiene.

Sinon j'espère que chez nous sa va bien, que ta maman va bien et que ton papa va bien aussi.

J'aimerai bien etre a la maison pour qu'on puisse allé joué dans les boi et se fair des bisous en cachette comme la dernière foi ! C'était bien...
Les filles sont jalouse que je técri alors je leur dit qu'elles ressemble a des crapaux et elles s'en von !

A biento, je te fai plin de bisou !

Jacob

♥♥♥

Jacob Benassayag, 8 ans, a été placé à la maison d'Izieu avec son frère **Elie, 10 ans,** et sa sœur **Esther, 12 ans**. Originaires d'Algérie, ils sont arrêtés lors de la rafle du 6 avril 1944 et déportés par le convoi 71.

Arnold Hirsch, 17 ans.

Albert Bendrihem, 37 ans, le médecin exerçant à Brégnier-Cordon.

♥♥♥

Julie Bouchet
Lelia Debornes

Izieu, 10 mars 1944

Chère Charlotte,

Issi à la colonie tout se passe bien. Je vé bien et Richard et Jean-Claude ossi. On joue bien et j'ai rencontré pleins de copains, l'ambience est très joyeuse.

Les Messieurs et les Madames son très gentils avec nous et ne nous gronde presque jamais. Les plus grand travaillent à la ferme d'à coté. Ces jours qu'il commence à faire beau, on fait beaucoup de promenades dans la forêt et on en profite pour ramasser du bois pour cet hiver. Aussi, nous épluchons les légumes sur le balcon en se chamayant, même si on rouspète un peu, ça nous amuse beaucoup.

La maison est très grande, blanche. Il y a un village en bas où monsieur Zlatin va souvent chercher de quoi nous ravitaillé mais nous, on n'a pas le droit d'y aller. Je ne comprend pas. Nous avons une très belle vue sur le Rhône et les montagnes. Il y a une grande pelouse où nous jouons à cache-cache, au loup et aussi une grande fontaine dans laquelle les garçons se lavent et où l'on peut se baigner lorsqu'il fait assez chaud.

Les vacances durent longtemps, tu me manque beaucoup et mes parents aussi. D'ailleurs comment est ce qu'ils vont ? Est-ce qu'ils sont partis en vacances eux aussi ? Ou alors ont-ils fait des bétises ? parce qu'ils nous disaient tout le temps, quand on faisait des bêtises, qu'on nous enverrait en quarantaine, même si je ne sais pas où c'est. Si jamais tu les croises, demande leurs de nous envoyer leur adresse pour qu'on puisse leur écrire et embrasse-les fort de notre part.

La prochaine fois que l'on se verra et qu'on ira jouer dans les bois, je te promet que cette foi, j'oserai te faire un bisou sur la bouche comme les grands. Après on se mariera, je te construirai une maison où tu pourras faire le ménage et la cuisine pendant que je travaillerai et nous aurons pleins d'enfants.

Je t'embrasse, à bientôt.

Jacques

♥♥♥

Jacques Benguigui, 12 ans, ainsi que ses frères : **Jean-Claude, 5 ans, et Richard Benguigui, 7 ans,** font leur dernier voyage par le convoi 71.

♥♥♥

Loréna Benyus
Eléa Baudevin
Maëva Baillard

A Izieu, le 27 mars 1944

Chère maman,

J'espere que tu va bien. Je suis très contente de pouvoir t'écrir, enfin Mina ecrit, et je lui dicte mais j'essaye quand meme un petit peu.

Tu peut même pas t'imaginer comme vous nous manquer. Je suis pressé de vous revoir. Comment vont ma petite Monique et Alexandre ? et Léon ? et papa ? Moi je vais très bien et je suis en pleine forme. Ici c'est toujours génial, les éducatrice sont toujours aussi gentil et je m'amuse toujours autant avec Paula, mais je m'occupe aussi de Diane.

Hier on est allé nous promener au dessus de la maison dans le bois et on a même pu trouvés des jonquilles. Et c'est moi qui en ai trouvée la première. En revenant, on à fais un cache-cache dans les bois et on à bien rigolé. Ce matin, on à attaquer l'école avec les des exercices de calculs. Heureusement que les deux frère Richard et Jacques était là pour nous faire rigolé, je n'en pouvais plus. Tu sais très bien que je déteste sa les calculs, comme toi d'ailleur. Mina dit que c'est facile mais je trouve sa très dur. Cette après-midi par contre, on a fait de la lecture et Paulette nous a prépare une dictée. Même si ce né pas toujours sa, c'est toujours mieux que les calculs. En plus c'est tellement facile qu'on s'en dormirais presque ! A part ca, Mina va très bien. Elle s'ocupe très bien de nous. Parce qu'en tan que « grande fille » elle doit aider à faire à manger comme éplucher les carotte ou les patate. Elle doit aussi aider a faire notre lit. On dort dans la même chambre et parfois, quand je suis trop triste, Mina vient dormir avec moi et elle me raconte des histoires. Bref, c'est super pour nous !!! Bien sur moi aussi j'aide comme mettre la table ou plein de machin. Elle aussi, comme moi, est impatiente de te revoir et on aurais toute les deux voulue resté avec toi la bas à Paris avec Monique et Alexandre mais ce n'étais pas possible. Mais ne t'inquiète pas, ici on est bien et on prend soin de nous. Mina elle est pas contente parce qu'elle a mal à la main d'écrire et elle dit que maintenant ça va suffire pour la lettre. En plus on doit aller manger. Je vous fais plein de gros bisou, je t'aime et je t'aimerai toujour autant ma maman adorée.

Claudine pour ma maman chérie

et aussi Mina

♥♥♥

Claudine Halaunbrenner, 5 ans, et sa sœur Mina, 8 ans.

Paula Mermelstein, 10 ans, et son frère **Marcel, 7 ans,** sont originaires de Belgique. Ils font partie du convoi 74.

Diane Popowski n'est qu'un nourrisson lorsqu'elle est internée au camp d'Agde. Ses parents ayant été déportés le 11 septembre 1942, Sabine Zlatin réussit à la faire sortir du camp et la confie à des amis à Montpellier, la famille Pallarés. Les deux sœurs Pallarés, Paulette et Renée, passent l'été 1943 à Izieu avec la petite Diane. Celle-ci sera cachée jusqu'à la fin de la guerre par la famille Pallarés. Diane vit aujourd'hui au Canada avec son père, également rescapé des camps. C'est à **Paulette Pallarés** que l'on doit les principales photos prises à Izieu.

♥♥♥

Loïc Delobel
Vincent Megevand

Izieu, le 28 mars 1944

Chers parents,

J'espère que tous se passe bien à la maison, en tout cas, moi je me sens bien ici (presque comme à la maison). Tous les enfants sont gentilles avec moi et je me suis fait plein d'amies. En plus Philippe ai passé nous voir hier et nous a fait un bon repas. Ne vous inquiéter pas je suis très attentive pendant l'école et la maîtresse me félicite souvent. Hier c'était l'anniversaire de Fritz, on s'est bien amusés. On luis a tous fait une surprise, on s'est déguisés en cow-boys et en indiens et on a joué à une attaque de diligences, il était très content et il a dit qu'il aimerait que se soit son anniversaire tous les jours s'il a toujours des surprises comme ça. Le mien est dans cinq mois, c'est long mais comme je m'amuse beaucoup, le temps passe plus vite. Après le goûter on a fait une grande partie de colin-maillard, et je n'ais jamais été attrapé.

Même si je m'amuse, je pense très fort à vous et j'aimerais que la guerre s'arrête pour qu'on sois tous ensemble à la maison. J'espère aussi que vous pourrez venir pour mon anniversaire.

Je vous embrasse tous très fort.

Nina

♥♥♥

Nina Aronowicz, 12 ans : elle est née le 28 novembre 1932 à Bruxelles. Son père Szye Leib (Léon) et sa mère Michla (Malka) sont internés à Rivesaltes. Léon est déporté par le convoi 64, Malka par le convoi 31. Nina connaît le sort des autres enfants de la maison d'Izieu : la rafle, puis le convoi 71.

♥♥♥

Laëtitia Boute
Sophie Geinoz

Izieu, 30 mars 1944

Chers parents,

Je vous écris pour prendre de vos nouvelles ; j'espère que vous êtes en bonne santé. Je pense à vous, j'espère que vous ne souffrez pas trop de la guerre.

Pour ma part je mène une vie paisible depuis qu'on m'a accueilli à la maison d'Izieu.

Aujourd'hui, le temps est couvert et il fait très froid. Si seulement il pouvait arrêter de neiger, je commence à en avoir assez de cet hiver qui n'en finit pas.

Ici, on mange à notre faim ; à coté de la maison il y a un petit potager où des légumes poussent bien, sauf que là il neige alors il n'y en a pas.

Nous nous lavons dans un bassin où l'eau est très froide mais on finit par s'y habituer.

L'ambiance est joyeuse grâce à la sympathie des éducateurs et la bonne humeur des plus jeunes. Les garçons jouent aux pirates. L'autre jour, Egon s'est égratigné en tombant sur les graviers et je lui ai mis de l'alcool à brûler pour désinfecter, même si cela était un mauvais moment à passer.

Les filles s'amusent avec les talons des éducatrices et un soir Mme Zlatin les a retrouvées cachées derrière le bassin.

La semaine dernière c'était mon anniversaire. Max et Herman m'ont offert de beaux dessins avec un gâteau d'anniversaire dessus. Mais mon plus cadeau aurait été de vous serrer dans mes bras.

Les enfants vont en classe pour apprendre à lire et à écrire, faire du calcul. Hier, Gilles a pleuré toute la matinée parce qu'il avait perdu sa gomme.

Comme j'ai eu 17 ans, je suis en âge de travailler, Mr Zlatin m'a aidé pour préparer mon futur métier. Il m'apprend énormément de choses et cela me passionne. Ainsi je commence déjà à travailler à la ferme.

Je n'oublie pas que la guerre gronde au loin et une constante terreur plane sur les habitants d'Izieu. Les adultes rassurent les enfants en leur disant qu'ils ne sont pas en danger mais moi je suis en âge de comprendre et je me rends compte de la gravité de la situation…

En espérant vous revoir bientôt.

Je vous embrasse de tout mon cœur.

Arnold

♥♥♥

Né à Argenschwang (Allemagne) le 23 mars 1927, **Arnold Hirsch a 17 ans**. Sa mère, Ida, est la soeur de Gertrude Gamiel, la maman du petit Egon, cousin d'Arnold, également réfugié à Izieu. Arnold est déporté par le convoi 73 au départ de Drancy avec Miron Zlatin et Théo Reis. Ils disparaissent à Kovno, au camp de Reval (Talinn, Estonie).

Egon Gamiel, 9 ans, est lui aussi né à Argenschwang en Allemagne, le 19 mai 1934. Sa famille se réfugie au Luxembourg, où elle est arrêtée. Ernst, le père, est déporté à St Cyprien puis transféré à Gurs tandis que la mère, Gertrude, est arrêtée à Palavas-les-flots ; elle rejoint son mari au camp des Milles en avril 1941 et ils sont déportés par le convoi 20. Egon fait partie du convoi 71.

Max Tetelbaum, 12 ans Herman Tetelbaum, 10 ans sont tous deux nés à Anvers (Belgique) : Max le 14 août 1931 et Herman le 1er novembre 1933. Leur père, Jankiel, est interné à Rivesaltes en 1941 ; Sefa, la mère, ainsi que les deux aînés, Gabrielle et Maurice, sont arrêtés à Montmélian en avril 1944 et déportés par le convoi 72.
Les deux frères, victimes de la rafle du 6 avril 1944, sont déportés par le convoi 71. Le père sera le seul survivant.

Gilles Sadowski, 8 ans est originaire de France. Il est déporté par le convoi 71.

♥♥♥

Damien Lamaison
Adrien Fort

Izieu, 3 avril 1944

Ma petite Maman,

Dans dix jours c'est mon anniversaire alors, je t'écris cette lettre pour te dire à quel point tu me manque. J'espère que tu te porte bien. Je sais que ce moment est difficile et que tu ne peux pas venir nous voir. Mais, malgré tout, j'aimerais bien que tu nous rende visite.

Pour te rassurer, ici, on s'occupe très bien de nous. Miron et Sabine nous ont très bien accueilli et les autres pensionnaires sont aussi gentil avec nous. Richard et Jean-Claude vont bien, ils font plus de bêtises que moi, mais ça reste pas trop grave ne t'inquiète pas. Dailleurs, ils te fons de gros bisous.

Joseph et Chaïm ont dis qu'ils vont m'aider à organiser mon anniversaire. Nina (mon amoureuse !) fera le gâteau et les autres se déguiseront. Il faut que je te dise, hier, Miron m'a proposer de faire la tournée des fermes pour récupérer des oeufs avec lui. Il m'a autoriser à voir Yvette qui habite chez les Héritier. Elle va très bien et prononce quelques mots.

Ces jours-ci, on fait une pièce de théâtre, qu'on présentera aux parents cet été, tu es donc invité. Ce matin je me suis levé à l'aube pour me préparer avant les autres ; je me suis lavé dans la fontaine, encore froide à mon goût. Aujourd'hui à l'école on a appris

une poésie et ce matin on a fait du calcul (les divisions, et c'est très dur !)
Et puis, je vais t'avouer un petit secret : avant-hier, avec Nina, on est allé dans la grange se faire des bisous. Mais, s'il te plait, n'en parle pas à Miron ou Sabine, parce que sinon ils vont nous grondé.

J'espère que tu sera avec nous le 13 avril

PS : Si tu nous rend visite, n'oublie pas de nous apporté du linge propre.

Ton fils chéri, Jacques

La colonie d'Izieu a été raflée le 6 avril 1944 à 9h du matin. Jacques Benguigui écrit cette lettre à sa maman la veille de la Rafle. Il n'a jamais fêté son anniversaire avec ses camarades et sa mère.

♥♥♥

Jacques Benguigui est né le 13 avril 1934 à Oran. Ses frères, **Richard** (né le 29 mars 1937) et **Jean-Claude** (né le 26 décembre 1938) sont avec lui à la maison d'Izieu. Leur petite sœur, Yvette, 2 ans, a été accueillie par la famille Héritier, qui vit dans le village et grâce à cela elle sera la seule rescapée de la rafle. Jacques est déporté le 13 avril 1944, le jour de son 13e anniversaire.
Aucun des trois frères, déportés par le convoi 71, ne revient des camps de la mort.
Fortunée, la mère des enfants Benguigui, est arrêtée à Marseille et déportée par le convoi 58. Revenue de l'enfer d'Auschwitz, elle entame avec Ita Haunbrenner les actions courageuses aux côtés de Beate Klarsfeld qui conduiront à l'arrestation de Klaus Barbie.

Nina Aronowicz a 12 ans.

Joseph Goldberg, 12 ans, et son frère, **Henri-Chaïm Goldberg, 13 ans,** sont tous deux originaires de France. Victimes de la rafle du 6 juin, ils disparaissent par le convoi 71.

♥♥♥

Alicia Chatenoud
Mélia Bouhali

Izieu, le 5 avril 1944

Cher frangin,

Je t'écris pour te souhaiter un joyeux anniversaire et pour te dire que je me porte bien ! Il fait très beau et j'ai eu le temps de m'habituer à cette maison comme si j'y avais toujours vécu. Je me suis fait plein d'amis comme Maurice et Liliane, et aussi Sarah.

On va souvent à la ferme Perticoz pour demander de la nourriture parce que nos tickets de rationnement ne suffisent pas. On en profite parfois pour jouer avec les animaux de la ferme et piquer des plumes aux poules pour jouer aux cow-boys et aux Indiens avec les garçons. Mais on n'aime pas quand la fermière dépèce les lapins ou déplume les poulets parce que ça pue vraiment trop.

On mange très bien sauf le mercredi car on a de la soupe et tu sais que moi j'aime pas la soupe.

Dehors il y a une grande fontaine où on se lave, et où les dames font la lessive. On m'a dit qu'en hiver les garçons se lavent dehors mais nous, les éducateurs nous en chauffent et nous donnent du savon pour qu'on puisse se laver dedans.

Tu trouveras avec cette lettre un dessin que je t'offre pour ton anniversaire.

J'ai parfois un peu peur quand les grands parlent des Allemands. On dirait qu'ils ont peur aussi.

Moi, je ne crois pas que les allemands viendront ici parce qu'on vit isolé des autres villes.

Depuis que Philippe est parti c'est une autre dame qui fait la cuisine. En plus, madame Zlatin est vraiment gentille, on fait souvent des dessins ou des promenades, elle m'a même corrigé cette lettre parce qu'il y avait des fautes.

Il y a un garçon qui s'appelle Jacques et je ne l'aime pas vraiment parce qu'il est méchant avec moi. Hier il a attrapé des sauterelles et après il m'en a mis une dans le dos et j'ai crié partout. En plus, l'autre jour, il a mis plein de crapauds dans la fontaine juste pour embêter les autres garçons.

J'espère que tout se passe bien à la maison, que maman et papa ne sont pas trop inquiets. Embrasse les très très fort pour moi.

Je t'aime très fort et je t'embrasse.

Alice-Jacqueline
(ta petite sœur adorée !)

♥♥♥

Alice-Jacqueline Luzgart, 10 ans, originaire de France, a été déportée par le convoi 75.

Maurice Gerenstein, 13 ans et sa sœur Liliane, 11 ans. Maurice est né le 3 janvier 1931 à Paris et Liliane le 13 janvier 1933 à Nice. Ils feront partie tous deux du convoi 71. Réfugiés à Evian, leurs parents Chapse et de Chendla sont déportés le 20 novembre 1943 par le convoi 62. Le père, qui était pianiste avant guerre et qui a été trompette dans l'orchestre du camp d'Auschwitz, a survécu a l'horreur des camps et a émigré aux Etats-Unis où il est devenu compositeur de musiques de films.

Sarah Szulklaper, 11 ans, originaire de France, a été déportée par le convoi 71.

La ferme Perticoz, qui se situe à coté de la maison, aide beaucoup les enfants. Eusèbe Perticoz est témoin de la rafle.

♥♥♥

Mathieu Schiano di Schiabica
Hugo Humbert

Bellay le 8 avril 1944

Cher Oncle, chère Tante,

J'espère que vous allez tous bien à Lyon et que vous ne souffrez pas trop de la guerre.

Comme tu le savais, je devais passer les vacances de Pâques à Izieu avec Sarah, Claude, tonton …

Je suis donc arrivé de Bellay avec deux autres jeunes. La journée était magnifique, on sentait que la guerre touchait à sa fin. De loin, on voyait la terrasse, là où les enfants s'attroupaient tous les jours à l'heure de la distribution du courrier par Miron ou moi-même, là où ils s'asseyaient pour parler de ce qu'ils feraient quand la guerre serait terminée…

Quel bonheur de retrouver la vie à la colonie, paisible où, malgré la guerre, les enfants ne manquaient de rien. Ils mangeaient à leur faim, Madame Perrier faisait la classe au premier étage de la maison. De temps en temps, les enfants allaient se baigner dans le Rhône. Souvent Paula et Martha jouaient à la marelle et à la dînette. Le soir, les garçons s'amusaient à se déguiser en cow-boys et en indiens.

C'était le 6 avril, c'était jeudi. Arrivé à la maison, j'ai juste eu le temps d'embrasser mes parents et je suis monté à l'infirmerie voir Sarah ; comme d'habitude, on a réveillé les enfants ; ils se sont levés aux alentours de huit heures. Comme tous les matins, ils ont attrapé leur petite cuvette, puis sont allés prendre de l'eau dans le bassin, devant lequel ils se lavaient avant le petit déjeuner : chocolat fumant et tartines, dans une joyeuse bonne humeur. Pour ma part, je hâtais les retardataires : Otto se frottait les yeux et baillait, Sarah tenait le petit Emile par la main… On bavardait lorsque la cloche du petit déjeuner a sonné.

Je descendais l'escalier vers huit heures et demie, juste derrière Sarah. Soudain j'ai vu entrer 3 hommes en civil dans le réfectoire. Un petit homme encadré par deux gardes imposants a levé les yeux et m'a vu ; il m'a interpellé : « Monsieur, descendez, on a besoin de vous. » Et tout de suite ils sont entrés dans le réfectoire. J'allais descendre quand Sarah m'a fait un signe depuis en bas : « Les Allemands ! Ce sont les Allemands ! sauve-toi ! » Que fallait-il faire ? Obéir aux Allemands et suivre ma famille ou fuir ? Je me suis décidé en quelques secondes. Je suis remonté jusqu'à l'infirmerie, j'ai ensuite sauté de la fenêtre pour me cacher derrière un buisson puis ensuite dans le bois derrière la maison. Les Allemands étaient proches. J'étais tétanisé. Je ne pouvais m'enfuir au risque d'être découvert.

J'entendais les enfants hurler, terrorisés par les ordres des nazis « Schnell ! Schnell ! Vite ! », car ils ne voulaient pas monter dans les camions de la Wehrmacht. Cliquetis d'armes. Joseph et Henri-Caïm ont tenté de se sauver ; les Allemands les ont attrapés et jetés dans le camion ; Ils se blottissaient les uns contre les autres ; Jean-Claude sanglotait, il voulait descendre ;

un garde l'en a empêché, le renvoyant brutalement vers le fond… Sigmund s'est même fait frapper car il ne voulait pas monter : coups dans les jambes, dans le ventre. Il a pleuré, a capitulé. « Schnell ! Schnell ! » Ces mots raisonnent encore dans ma tête. Au bout d'un certain temps, les pleurs se sont arrêtés sauf ceux du petit Jean-Claude que Martha essayait de réconforter. Léa, l'animatrice, a alors proposé un chant : « Vous n'aurez pas l'Alsace et la Lorraine » que tout le monde s'est mis à chanter. Et puis, les camions ont démarré.

Après que les nazis soient partis, je suis allé me cacher chez une famille de Bellay par l'intermédiaire et avec l'aide des Perticoz (des voisins de la colonie). C'est de là que je t'écris cette lettre.

Je vais essayer de rentrer à Lyon par le train. J'ai peur et je n'ai aucune nouvelle d'eux.

Je suis pressé de vous retrouver.

Léon

♥♥♥

Léon Reifmann est l'un des éducateurs de la colonie. Il arrive de Belley avec deux adolescents pour passer les vacances de Pâques avec sa famille – **Sarah Levan-Reifman, 36 ans, Eva Reifman, 61 ans, Moïse Reifman, 63 ans** – réfugiée dans la maison. Il est le seul à pouvoir s'échapper par une fenêtre de l'escalier il saute et rejoint le bois derrière la maison. Sa sœur Sarah, son neveu Claude et ses parents sont arrêtés et envoyés dans les camps de la mort par le convoi 71. Seul rescapé, il témoigne au procès Barbie avec **Lea Feldblum**, 27 ans, éducatrice, la seule à avoir survécu à l'horreur des camps, et qui a accompagné les enfants par le convoi 71.

Martha Spiegel, 10 ans et Senta Spiegel, 9 ans : Martha est née le 27 septembre 1933 et Senta le 30 mars 1935, toutes deux à Vienne (Autriche), filles. La famille se réfugie en France, Aron, le père, et Rachel, la mère, sont arrêtés en septembre 1942 et déportés par le convoi 37. Martha et Senta disparaîtront à Auschwitz après y avoir été menées par le convoi 71.

Paula Mermelstein, 10 ans, qui avec son petit frère **Marcel, 7 ans,** a disparu au bout du voyage du convoi 71.

Otto Wertheimer, 12 ans, qui a été emmené vers la mort par le convoi 71.

Emile Zuckerberg, 5 ans, déporté par le convoi 71.

Henri-Chaïm Goldberg, 13 ans et **Joseph Goldberg, 12 ans,** emmenés par le convoi 71.

Les frères **Benguigui** : **Jean-Claude, 5 ans, Jacques, 12 ans et Richard Benguigui, 7 ans,** ont fait leur dernier voyage par le convoi 71.

Sigmund Springer, 8 ans, a accompagné ses compagnons vers la mort par le convoi 71.

Eusèbe Perticoz, Les Perticoz sont les voisins de la colonie ; Eusèbe sera témoin oculaire de la rafle.

Léa Feldblum, 27 ans, éducatrice, et seule survivante de la déportation.

♥♥♥

Vincent Battu
Florian Déprés

Sam Rigaud
Lyon
(France)

Martine Rigaud
35 Route des Longs champs
Cruseilles (France)

Le 7 avril 1944

Ma chère et tendre mère,

J'espère que malgré ces temps de guerre tu te portes bien. Le petit Jacques, prend t-il soin de toi depuis que papa a disparu ?

Maman, si tu savais comme j'aurais aimé être comme mon père, avoir cette capacité à se sacrifier pour les autres ! Moi qui me retrouve obligé d'obéir, entraîné par la peur. Chaque jour, j'envoie tous ces juifs dans des endroits « secrets », mais je sais très bien que je les conduis tout droit vers la mort ! Pas plus tard qu'hier, j'ai réalisé l'atrocité de nos actes. Je ressens le besoin de te raconter ce qu'il s'est passé ! Cela ne me permettra pas de me pardonner mais de me soulager. Ah si tu savais maman … Je suis écœuré.

C'était une belle matinée de printemps, c'est la veille que Barbie a organisé la rafle. Ce matin-là, suite aux ordres, nous sommes montés à Izieu avec deux camions. Nous fumions tranquillement avec mes camarades sans nous douter de ce qui nous attendait. Arrivé dans cette maison, où vit une quarantaine d'enfants, j'avais l'ordre d'effectuer une ronde autour de du bâtiment afin de surveiller les issues. En passant devant la fenêtre du réfectoire, j'ai pu voir les enfants en train de déjeuner. Pendant ce temps, deux officiers allemands s'occupaient de les faire sortir.

Arrivé à l'angle de la maison, j'ai aperçu une silhouette sauter par une fenêtre du deuxièmes étage et se faufiler dans la forêt. Comme j'étais seul, je l'ai laissé s'enfuir et suis retourné avec mes compagnons comme si de rien était. Les enfants criaient, les petites filles se cachaient derrières les plus grands qui essayaient de les protéger. Nous les faisions monter un par un dans les camions. Certains hurlaient qu'ils n'étaient pas juifs et d'autres nous traitaient de noms d'oiseaux. Un garçon a brandi un papier d'identité. J'ai tout de suite vu que c'était un faux. Je décide alors de le laisser partir. Il a hésité, il a failli monter dans les camions, il ne voulait pas abandonner ses camarades. Je lui ai dit : « Allez, file vite, ne te retourne pas ! » puis il est parti. Une fois tout le monde installé dans les camions, nous sommes partis.

Des enfants criaient, d'autres pleuraient en silence. Lorsque nous sommes passés dans le village, les insultes fusaient, et beaucoup de femmes pleuraient. Le reste du voyage s'est déroulé dans le calme. Nous les avons laissés à Lyon. J'essayais de garder mon autorité, mais c'était dur. Maman si tu avais vu les regards de ces enfants qui me suppliaient de les emmener. J'aurais voulu, j'aurais pu, mais je ne l'ai pas fait. Aujourd'hui, je revois les visages de ces quarante-quatre enfants. Je suis quand même fier d'avoir pu sauver, un homme et un enfant, mais j'aurais pu en sauver tant d'autres depuis le début de cette guerre ! Je regrette tout ce que j'ai fait ! J'aimerais tout oublier, mais je ne peux pas ! Comment oublier ce massacre. La douleur est telle que je ne pense qu'à ça. J'ai peur maman. Je voudrais redevenir un enfant pour ne pas ressentir cette honte. Que peuvent penser les gens de moi ? Que je suis un sale Nazi ? Que je suis inhumain ? Que j'aurais dû réagir ? Oui, j'aurais dû réagir, mais je ne l'ais pas fait et maintenant il est trop tard ! L'homme n'est qu'un monstre. Comment juste par différence peut-on anéantir un peuple ? Je vais payer pour ce que j'ai fait. À la fin de la guerre, je vais payer très cher pour tout ça ! C'est pour ça, que je préfère partir maintenant. Je m'en vais maman. Je ne peux plus vivre avec ces morts sur la conscience. Ne m'en veux pas, et essaye de comprendre. Ne garde pas cette image de moi. Garde celle du petit garçon naïf que j'étais. J'espère que la guerre se terminera vite et que les français banniront ces sales Nazis dont je fais partie !

Je t'embrasse fort et je t'aime maman.

Adieu
Ton fils Sam

Laurie Giboni
Mathilde Gandy
Rémi Dard

Lyon, le 8 avril 1944

Heil Hitler !

Liebe Ingrid,

J'espère que toi, notre tendre fils Heins et la grande Allemagne vous portez bien.

Le manque de mon doux foyer ainsi que de ma famille pèse lourd. Chaque jour, l'odeur de ta chevelure mielleuse et le bonheur de ton ventre qui s'arrondit petit à petit inondent les pensées et me permettent de tenir si loin de vous.

Ici la vie n'est pas constamment facile, mais ne t'inquiète pas nous sommes très bien nourris et logés. En revanche l'épuration que nous effectuons est très fatigante, il faut obéir, agir vite, se lever durant la nuit, voyager, « nettoyer », marcher dans le froid ou la chaleur… Nous sommes sans cesse aux aguets afin ne pas laisser échapper la « vermine », comme ils disent tous.

Du bout de ma plume, je t'écris les larmes aux yeux et la tête lourde... Mes pensées et mon esprit sont embrouillés. A toi ma chérie, qui est bien la seule à pouvoir me comprendre, il faut que j'avoue qu'ici la vie, la gloire et l'honneur ne sont pas ce que l'on nous a promis. « Nettoyer » s'est transformé en vrai carnage. Je n'aime plus ce que j'ai fait pourtant pendant si longtemps sans me remettre en question, sans remettre en question notre enseignement, notre Führer. Mes doutes ont commencé hier...

Ingrid, ma chère Ingrid, il faut que je te dise... je n'en ai pas dormi de la nuit... Hier, à l'aube, quand les bols de chocolat chaud fumaient encore, sous le commandement de notre chef Klaus Barbie, plusieurs troupes de SS ainsi que la mienne sommes intervenus à Izieu. Déportation de quarante-quatre enfants juifs destinés à Auschwitz Birkenau... Parfois, il m'arrivait de penser à tous les pêchés que je commettais mais rien ne m'amenait à culpabiliser car c'était la voix et l'ordre de notre Führer. Mais là, j'ai vu des enfants hurler et pleurer. Durant de longues secondes j'imaginais notre cher Heins au milieu d'eux. J'en avais la nausée. Les enfants ne sont-ils pas innocents ? Des petits êtres subissant injustement leur destin... Je ne sais pas, je ne sais plus. Nous sommes si Grands, nous les Aryens, si invincibles... J'agissais sans penser, j'obéissais, je ne regardais pas, je n'écoutais pas les cris. Mais je ne peux plus, je ne veux plus.

Pardonne moi de remettre en cause la Sainte Parole de notre Führer, je suis fatigué : fatigué d'être loin de toi, de Heins, du bébé qui va arriver, de l'Allemagne et de notre douce vie si paisible.

Je prie Hitler pour que la foi me revienne, qu'il pardonne mes mauvaises pensées. J'espère rentrer au plus vite mais chacun est indispensable ces temps-ci, je ne peux me permettre de demander une permission.
Je t'embrasse ma chérie. Je t'aime

Karl

Naomi Jahan
Cora Guithon

Izieu, 10 avril 1944

Chère maman,

J'espère que tu vas bien et que tu n'as pas trop de travail. J'espère aussi que Médor ne te fais pas trop tourner en bourrique avec ses aboiements agaçants. Mémé et pépé sont très gentils et ils prennent soin de moi. Mais à côté de chez eux, il y a une grande maison où il y avait pleins d'enfants dont Renate une très bonne copine à moi que je voyais souvent, on passer beaucoup de temps à jouer à la marelle à la maîtresse, à la dînette et pleins d'autre jeux. Je les ai regardés de la fenêtre de ma chambre juste en face de leur maison et ils avaient l'air gentil et heureux. Ils s'amusaient souvent dans une grande fontaine dans laquelle ils se lavaient et quelques fois, je venais les rejoindre.

Mais il y a quatre jours, des hommes avec des armes et des uniformes sont venus. Ils ont emmenés avec eux tous les enfants y compris Renate et les grandes personnes dans des grands camions verts. J'ai vu la petite Lucienne qui voulait ramassé sa poupée de chiffon, mais un allemand l'a poussée avec violence et elle pleurais. Je n'ai pas trop compris pourquoi ils sont partis comme ça et j'ai eu peur pour Renate, j'ai eu peur qu'elle ne revienne jamais. Mamie ne ma pas vraiment expliqué elle m'a dit que c'était des histoires de grandes personnes à cause de la guerre. Elle ma juste dit que les hommes en uniformes étaient des allemands et les enfants étaient des juifs.

Je pense que tu dois savoir pour cette histoire. J'espère que là où ils iront ils seront aussi bien qu'à Izieu. Voilà puisque je n'ai plus rien à te dire je te dis au revoir. Je te fais de gros bisous et j'ai hâte de te revoir ma maman chérie.
Je t'ai fait un beau dessin de la maison où les enfants habitaient, avec la fontaine.

Gros baisers

Louise

Louise venait souvent chez ses oncle et tante, les Perticoz, et jouait avec les enfants de la colonie.

♥♥♥

Renate Krochmal, 8 ans et sa sœur Liane, 6 ans, sont toutes deux nées à Vienne (Autriche), Renate le 3 septembre 1935, Liane le 25 juillet 1937. La famille se réfugie en Belgique ; Jacob, le père, est arrêté le 10 mai 1940 à Anvers pour être interné au camp de Saint Cyprien puis transféré à Gurs. La mère, Amalia, et les filles, sont internées à Rivesaltes. Les parents sont déportés par le convoi 33. Quant au frère aîné, Siegfried, il aurait été abattu lors d'une tentative de passage de la frontière Suisse. Les deux sœurs sont emmenées vers Auschwitz par le convoi 71.

Lucienne Friedler, 5 ans, est née à Anvers le 18 février 1939 ; déportée avec sa maman, Mina, l'une des éducatrices d'Izieu, elle a fait partie du convoi 76.

♥♥♥

Cindy Tardiou
Lauren Schlatter
Chloé Biaggini

Convoi 71 : destination Auschwitz

En mai 1944, deux convois (n° 71 et 72) partent de France à destination d'Auschwitz (1500 + 1004 = 2504 déportés).

Le convoi 71 emmène 34 des 44 enfants de la maison d'Izieu ainsi que 4 de leurs éducateurs :

Les enfants :

- **Adelsheimer Sami, 5 ans**
- **Aronowicz Nina, 12 ans**
- **Balsam Max-Marcel, 12 ans**
- **Balsam Jean-Paul, 10 ans**
- **Benassayag Esther, 12 ans**
- **Benassayag Elie, 10 ans**
- **Benassayag Jacob, 8 ans**
- **Benguigui Jacques, 12 ans**
- **Benguigui Richard, 7 ans**
- **Benguigui Jean-Claude, 5 ans**
- **Bentitou Barouk-Raoul, 12 ans**
- **Bulka Majer, 13 ans**
- **Bulka Albert, 4 ans**
- **Gamiel Egon, 9 ans**
- **Gerenstein Maurice, 13 ans**

- Gerenstein Liliane, 11 ans
- Goldberg Henri-Chaïm, 13 ans
- Goldberg Joseph, 12 ans
- Halpern Georges, 8 ans
- Kargeman Isidore, 10 ans
- Krochmal Renate, 8 ans
- Krochmal Liane, 6 ans
- Leiner Max, 8 ans
- Levan-Reifman Claude, 10 ans
- Loebmann Fritz, 15 ans
- Sadowski Gilles, 8 ans
- Spiegel Martha, 10 ans
- Spiegel Senta, 9 ans
- Springer Sigmund, 8 ans
- Szulklaper Sarah, 11 ans
- Tetelbaum Max, 12 ans
- Tetelbaum Herman, 10 ans
- Wertheimer Otto, 12 ans
- Zuckerberg Emile, 5 ans

Les éducateurs

- Reifman Eva, 61 ans
- Reifman Moïse, 63 ans
- Levan-Reifman Sarah, 36 ans
- Feldblum Léa, 27 ans.

Convois 72, 73, 74, 75, 76

En Juin 1944, trois convois quittent la France :
- les convois 74 et 75 font route vers Auschwitz (1200 + 1000 = 2200 déportés).
- le convoi 73 se dirige vers Kaunas-Reval.

En Juillet 1944, un convoi (n° 76) part de France vers Auschwitz (1100 déportés).

Convoi 72 :
- **Feiger Lucie, 49 ans**

Convoi 73 :
- **Zlatin Miron, 39 ans**
- **Hirsch Arnold, 17 ans**
- **Reis Theodor, 16 ans**

Convoi 74 :
- **Mermelstein Paula, 10 ans**
- **Mermelstein Marcel, 7 ans**

Convoi 75 :
- **Ament Hans, 10 ans**
- **Luzgart Alice-Jacqueline, 10 ans**
- **Weltner Charles, 9 ans**

Convoi 76 :

- **Friedler Mina, 32 ans**
- **Friedler Lucienne, 5 ans**
- **Halaunbrenner Mina, 8 ans**
- **Halaunbrenner Claudine, 5 ans**

Aucun n'en reviendra, excepté Léa Feldblum.

II

ORADOUR[1]-SUR-GLANE

[1] Le nom Oradour dérive du latin *oratorium* (lieu où l'on prie).

Pour mieux comprendre l'histoire…

Le village d'Oradour-sur-Glane (Limousin) a été entièrement détruit et ses habitants tous massacrés par des Waffen S.S. durant la deuxième guerre mondiale, le **10 juin 1944**, quatre jours après le débarquement en Normandie.

Depuis que le débarquement a eu lieu, les troupes allemandes remontent sur le front mais la Résistance fait tout pour retarder la progression des Allemands vers la Normandie. Plusieurs incidents ont lieu, d'ailleurs, et c'est peut-être ce qui va motiver cet acte affreux. Les Allemands choisissent un village tranquille pour donner l'exemple, ou pour se venger, et le choix du destin se porte sur Oradour-sur-Glane.

Vers 14 heures : une belle journée illumine ce village situé à une vingtaine de kilomètres de Limoges : l'heure du déjeuner s'achève, les enfants retournent en classe.
Les soldats de la Waffen S.S. encerclent Oradour. La population est rassemblée sur la place principale (le Champ de Foire) avec, pour prétexte, un contrôle d'identité. Les femmes et les enfants sont séparés des hommes, conduits et enfermés dans l'église.

Les hommes sont scindés en six groupes et poussés dans les remises ou les granges, où des Allemands ont préalablement installé des mitrailleuses.

16 heures : tous les hommes sont abattus sans appel ; puis les Allemands vident des bidons d'essence et mettent le feu aux suppliciés ainsi qu'aux maisons. Seuls cinq hommes, qui ont réussi à fuir, échappent au carnage.

17 heures : les soldats désignés se dirigent vers l'église où sont enfermés les femmes et les enfants : 400 en tout. Lorsque les portes s'ouvrent, les futurs suppliciés pensent que l'on vient les libérer. Mais les Allemands déposent au milieu de la foule une caisse d'où dépasse une mèche. Ils l'allument. La caisse destinée à asphyxier les 400 personnes présentes n'opère pas comme les Allemands le prévoyaient : elle explose et fait voler en éclats les vitraux. Les soldats se mettent alors à décharger leurs mitraillettes sur les femmes et les enfants. (Les impacts des balles sont encore visibles sur les murs). Deux femmes et un bébé parviennent à s'enfuir par un vitrail, en grimpant derrière l'autel. Les cris du nourrisson alertent les Allemands, qui les poursuivent et les mitraillent. La femme et le bébé tombent sous les balles ; seule l'autre, Madame Rouffanche, réussit à se cacher dans le jardin du presbytère bien que blessée.
Le pillage et la destruction du village se poursuivent, tout est incendié, les personnes qui étaient blessées meurent brûlées vives.

19 heures : le tramway venant de Limoges s'arrête à la petite gare d'Oradour. Les occupants sont emmenés dans une ferme proche. Ils ne sont relâchés qu'en fin de soirée.

En un après-midi, Oradour-sur-Glane a été rayé de la carte avec tous ses habitants (328 constructions détruites, 644 habitants). Il ne reste que 6 survivants à l'issue de ce massacre organisé : les 5 hommes qui ont réussi à échapper à la fusillade et la femme de l'église ; quelques-unes, par chance, étaient absentes du bourg ou avaient réussi à fuir en voyant arriver les Allemands.

Par un après-midi de juin, 644 personnes ont trouvé la mort sans raison : 191 hommes, 247 femmes et 206 enfants.
Tout le village a été incendié, à savoir : 123 maisons d'habitation, 26 ateliers, 58 hangars, 35 garages et remises, 40 granges, 22 magasins, 4 écoles, 1 gare, 1 église.

Le village entier a été conservé en l'état pour témoigner de la barbarie nazie : façades en ruine où l'on peut encore lire les pancartes – boucher, coiffeur, restaurant, couturière –, nombreuses carcasses de voitures rouillées, vélos restés en l'état, objets domestiques laissés dans les maisons, rails du tramway et petite gare.

Limoges, le 11 juin 1944

Ma très chère Marie,

Je ne suis plus l'homme que j'étais, je ne me reconnais plus. Hier j'étais digne, aujourd'hui j'ai du sang sur les mains, trop de sang.... Il y a 5 jours les alliés de la France ont débarqué en Normandie. Hier le commandant S.S nous a donné l'ordre d'envahir la ville d'Oradour et de tuer tous les habitants. Tous sans exception.

Nous avons encerclé le village, puis nous avons rassemblé tous les habitants sur la place du champ de foire pour le prétexte d'un contrôle d'identité. Une dizaine d'entre nous ont séparé les femmes et les enfants des hommes. Les femmes et les enfants ont eu l'ordre de se regrouper dans l'église et les hommes ont été divisés en six groupes et menés dans les plus grandes granges, garages ou remises d'Oradour ; là même où nous avions installé des mitrailleuses. Vers 16H et en quelques secondes les hommes ont été abattus sans vraiment comprendre pourquoi. On a arrosé les corps d'essence et on y a mis le feu.

A 17H ce fut malheureusement au tour des femmes et des enfants. Un de mes camarades, si on peut l'appeler ainsi, car lui a décidé d'être dans la gestapo, on ne l'a pas forcé, a déposé une caisse dans l'église. Cette caisse était remplie de gaz destinés à asphyxier les malheureux, mais quand la caisse a explosé les vitraux ont volé en éclats. Le résultat n'étant pas ce qu'avait prévu le commandant S.S, il nous a donc ordonné de tirer à volonté jusqu'à ce que l'on n'entende plus que le bruit de nos tirs.

Au moment ou j'ai fait feu, j'ai repensé à ce que tu m'avais dit le jour ou l'on s'est rencontrés, tu as prononcé ces mots : « Paul, j'aimerais te présenter à mes parents, ils habitent un joli village tranquille, Oradour-sur-Glane......». Quand j'ai repensé à ces mots j'ai arrêté ma mitrailleuse et j'ai prié Dieu de me pardonner j'espère que toi aussi tu me pardonneras d'avoir détruit une partie de ta vie mais il faut que tu comprennes, j'avais des ordres....

Puis à 19H le tramway en provenance de Limoges est arrivé sur Oradour. Les voyageurs ont été emmenés dans une ferme avant d'être relâchés en fin de soirée. Le nombre de massacrés a été estimé à environ 640 personnes. Nous venons de recevoir un télégramme nous disant que ce qu'il reste du village fume encore. D'après nos cartes 123 maisons d'habitation, 26 ateliers, 35 garages et remises, 40 granges, 58 hangars, 22 magasins, 4 écoles, 1 gare et 1 église ont été brûlés et dévorés par les flammes, soit un total de 329 constructions qui ont été détruites sur une surface de 15 hectares.

Tout ceci pour te dire que je ne mérite plus de vivre, que toi seule peux me redonner goût à la vie…

Paul, ton fiancé qui t'aime plus que tout

PS : je réside toujours dans la maison des mes parents si tu veux me répondre……

Anaïs Lucot
Clémence L'Hopital

Limoges, 11 juin 1944

Chère Maman,

Est-ce que tu vas bien ? J'ai entendu dire que l'Alsace est un peu épargnée de la guerre. Moi je vais mal...

Depuis que l'on m'a engagé de force dans cette maudite armée allemande, je ne vis que des malheurs. J'ai été affecté dans un régiment appelé « Das Reich » qui fait partie des Waffen SS. On a dû aller piller des villages dans le centre de la France, vers la ville de Limoges. *Malgré nous*… Je comprend pleinement pourquoi on nous a nommés ainsi[2]…

Il y a une semaine, les militaires allemands avait reçu l'ordre d'anéantir Oradour-sur-Glane, un village situé dans le limousin. Nous y sommes arrivés hier vers deux heures de l'après midi. Les pauvres habitants avait tous peur, on voyait bien qu'ils n'avaient jamais vu de soldats débarquer dans leurs minuscule village.

---

[2] « Les malgré nous » : ce terme définit les Alsaciens et Mosellans qui ont été enrôlés de force dans l'armée régulière allemande (la Wehrmacht) ou dans la branche militaire de la SS (la Waffen-SS), durant la Seconde Guerre mondiale. Le terme est apparu en 1920, après la première guerre mondiale.

L'obersturmführer[3] nous avait ordonné d'encercler le village afin que personne ne puisse s'échapper, et on a même du récupérer les gens qui se trouvaient aux champs. Puis, moi et un bataillon d'hommes on a parcouru la route principale en appelant aux habitants de se rassembler sur la place, au centre du village. Après avoir vérifié que tout le monde était là, on a dû séparer les hommes d'un côté et les femmes et enfants de l'autre. Ces derniers croyaient être sauvés car il étaient envoyés vers l'église mais ils avaient tort.

Je devais poussé les hommes dans des maisons ou des granges. C'était leurs derniers pas que je voyais. Leurs derniers souffles, leurs derniers regards, la dernière fois qu'ils allaient contempler le ciel. Tout cela m'a ému. On est finalement arrivé après ce qui semblait une marche éternelle mais qui en réalité n'a duré que quelques minutes. On a attaché les hommes sur un poteau en bois à l'intérieur d'une grange. Ils essayaient de résister mais ils ne pouvait rien faire, les mitraillettes étaient déjà braquées sur eux. Ils commençaient a crier, ils appelaient leurs femmes et enfants ou ils priaient, comme si ils croyaient qu'ils pouvaient survivre. Nous, on attendait le signal que l'obersturmführer allait donner pour tirer, pas que j'en avais envie...

---

[3] Officier allemand ; le grade d'Obersturmführer détermine plusieurs rôles : dirigeant à la Gestapo, surveillant dans les camps de concentration ou commandant de peloton à la Waffen SS.

Leur signal de mort est arrivé. Un bruit de pistolet résonnait dans le village et les soldats ont commencé le massacre... Les cris ont tout de suite arrêté. Je n'entendais plus que le bruit des mitraillettes dans mes oreilles. Au bout de 30 secondes, tout a fini. On a retiré les armes et les autres soldat ont mis feu aux maisons. On entendait le bois craquer, des poutres s'effondraient sur les hommes morts... Quelle mort atroce. Quand on est reparti, il ne restait absolument rien du village… Oh maman, c'était hier…

Désolé maman si ça te choque mais il fallait que je partage mes émotions avec quelqu'un.
J'espère que cette guerre va cesser.

A bientôt,

Benoît

Mathieu Carillat
Max Robinson

Adolph Springrauch
111-113, Boulevard Vivier-Merles
Lyon (France)

Frau und Herr Springrauch
Lützowufer 15,
Tiergarten,
Berlin
Deutschland

Le 19 Juin 1944

Chère Mère, Cher Père,

J'espère que vous allez bien. Moi, malgré ce que vous pouvez bien entendre comme rumeurs ces temps-ci, je vais très bien. Je pense que vous êtes à présent au courant de ce que j'ai effectué avec mes camarades le nettoyage d'Oradour-sur-Glane, à Limoges, ce 10 juin. J'espère qu'après que je vous ai tout raconté dans les détails vous serez fiers de moi. Comme vous le savez, cela fait maintenant pratiquement 20 ans, depuis que je suis rentré aux jeunesses hitlériennes, que je veux être soldat et devenir un Homme, un vrai, qui n'a jamais peur de ce qu'il fait. Eh bien aujourd'hui, mon destin s'est accompli…

Quand notre Obersturmführer nous a dit qu'il fallait une punition exemplaire contre la France après l'assassinat d'un officier supérieur de notre Reich, je me suis immédiatement porté volontaire. Imaginez une seule seconde : depuis tout petit, je ne pense qu'a cela et voilà que mon rêve se réalise enfin.

Que je vous raconte : nous arrivons vers midi à Oradour-sur-Glane, prétextant la recherche d'un dépôt d'armes et un contrôle d'identités. Notre Obersturmführer nous fait signe de nous séparer en trois équipes pour encercler la ville. Je fais partie de celle qui se dirige au centre du village. Nous rigolons tous du sort qui est réservé à ces habitants. Quand enfin nous recevons l'ordre de passer à l'acte, mes camarades et moi pénétrons dans chaque maison du village, en exposant le problème de ce fameux prétendu dépôt d'armes et d'un contrôle d'identité, en leur demandant de se rendre sur le Champ de Foire. Ces idiots, se disant qu'ils n'ont rien à se reprocher, se dirigent vers la place. Quand nous nous sommes assurés que toutes les maisons sont vides, mes camarades et moi rejoignons, à notre tour, le lieu de rassemblement.

Les officiers décident de partager les habitants d'Oradour-sur-Glane en deux groupes : d'un côté les femmes et les enfants, et de l'autre les hommes. Fusils braqués, des soldats poussent les hommes jusqu'à des granges, sous les pleurs des femmes et des enfants. Certains, qui tentent de résister sont fusillés sur le champ. Ensuite, une fois que plus aucun habitant ne reste sur la place, vient le moment de conduire les femmes et les enfants dans l'église ; je fais partie de ce groupe là. Nous fermons les issues à l'aide de cadenas. Mais d'abord c'est le tour des hommes. Nous nous dirigeons vers chacune des granges où on les a enfermés et faisons feu à volonté ; puis nous arrosons les corps d'essence et y mettons le feu. Il y avait des hommes qui n'étaient que blessés, qui n'étaient pas morts sous nos balles et nous entendons leurs hurlements, lorsqu'ils sont en train de brûler vivants. Nous on riait, on était vraiment fiers de servir le Führer !

Après est venu le moment de l'exécution des femmes, des enfants dans l'église. Je suis désigné pour aller poser et allumer la cagette de gaz asphyxiants en son centre. Fier de cet honneur, je m'exécute. Quand je rentre, je les vois, me regardant en pleurant en silence. Un instant, j'ai eu un peu de compassion. Mais comme on me l'a appris dans les jeunesses Hitlériennes, la peur est animale. C'est pour cela que je me suis empressé de faire la suite. Je pose la cagette meurtrière au centre de l'église et ressors en refermant bien a clé derrière moi. Jusqu'à ce fameux « BOUM ». Là, on rouvre les portes : des cris, des pleurs, de la fumée, mais ils sont encore vivants. Ça n'a pas marché ! Alors on se met en ligne, empêchant femmes et enfants de sortir vivants. Au signal, nous fusillons de tous les côtés. Les corps tombent. Je vois des femmes accompagnées de leurs enfants se diriger vers la porte de la sacristie, à gauche du maître-autel. Une fois que celle-ci est ébranlée, puis ouverte sous leurs coups, une trentaine de personnes y entre. Je m'approche et fusille tout ce qui bouge. Quand nous ne voyons plus une seule trace de vie, mes camardes et moi sortons de l'église, satisfaits.

Soudain, nous entendons un hurlement de bébé, provenant de l'autre côté de l'église. Je me précipite et vois deux femmes et un bébé, qui courent pour se réfugier dans des jardins voisins. Je les poursuis en tirant jusqu'à ma dernière munition. Je réussis à tuer une femme et son enfant mais l'autre en a profité pour aller se planquer. J'ai eu beau la chercher, je ne l'ai pas retrouvée. Pour finir, nous pillons et détruisons par le feu des maisons et autres bâtiments du village puis nous entassons tous les corps inanimés, pour les recouvrir de paille, de foin, de bois, tout ce qui peut brûler et que l'on puisse empêcher l'identification. Puis on allume le feu et, quand il a bien pris, on s'en va. Tant pis pour ceux qui étaient encore en vie ! Avant l'incendie, nous avons trouvé du bon vin français, alors on picole un peu en l'honneur de notre réussite et on fait la fête…

Au petit jour, nous repartons par le chemin par lequel nous sommes arrivés. Nous rions en contemplant notre réussite : un village complet rayé de la carte ; des ruines, plus un seul bruit.

Et nous quittons ce village misérable et sans signe de vie, fiers d'avoir accompli notre devoir.

Ich liebe diese sieg. Ich liebe die Reich. Ich liebe mein Fürher. Heil ![4]

Sur ce, je vous embrasse.

Bis Bald
Adolph

Célia Retournard
Hippolyte Fontaine

---

[4] J'aime cette victoire. J'aime l'Empire (Allemagne). J'aime mon Führer (guide). Salut (Dieu protège…)

Liste des groupes d'élèves par ordre chronologique

I – IZIEU

II - ORADOUR-SUR-GLANE

L'HARMATTAN, ITALIA
Via Degli Artisti 15 ; 10124 Torino

L'HARMATTAN HONGRIE
Könyvesbolt ; Kossuth L. u. 14-16
1053 Budapest

L'HARMATTAN BURKINA FASO
Rue 15.167 Route du Pô Patte d'oie
12 BP 226 Ouagadougou 12
(00226) 76 59 79 86

ESPACE L'HARMATTAN KINSHASA
Faculté des Sciences Sociales,
Politiques et Administratives
BP243, KIN XI ; Université de Kinshasa

L'HARMATTAN GUINEE
Almamya Rue KA 028 en face du restaurant le cèdre
OKB agency BP 3470 Conakry
(00224) 60 20 85 08
harmattanguinee@yahoo.fr

L'HARMATTAN COTE D'IVOIRE
M. Etien N'dah Ahmon
Résidence Karl / cité des arts
Abidjan-Cocody 03 BP 1588 Abidjan 03
(00225) 05 77 87 31

L'HARMATTAN MAURITANIE
Espace El Kettab du livre francophone
N° 472 avenue Palais des Congrès
BP 316 Nouakchott
(00222) 63 25 980

L'HARMATTAN CAMEROUN
Immeuble Olympia face à la Camair
BP 11486 Yaoundé
(00237) 99 76 61 66
harmattancam@yahoo.fr

L'HARMATTAN SENEGAL
« Villa Rose », rue de Diourbel X G, Point E
BP 45034 Dakar FANN
(00221) 33 825 98 58 / 77 242 25 08
senharmattan@gmail.com

Achevé d'imprimer par Corlet Numérique - 14110 Condé-sur-Noireau
N° d'Imprimeur : 72574 - Dépôt légal : septembre 2010 - *Imprimé en France*